BATAILLE DE REZONVILLE

(Gravelotte)

Exposé des événements militaires, depuis l'ouverture des hostilités jusqu'au 15 août. — A la suite du combat de Wissembourg (4 août) et des batailles de Wœrth et de Forbach (6 août), qui ouvraient le territoire français aux armées allemandes, cinq des corps d'armée français reçurent l'ordre de se replier sur Metz.

Le 12 août, le maréchal Bazaine fut investi du commandement de l'armée dite Armée du Rhin, ainsi constituée : 2e corps, *général Frossard;* — 3e corps, *maréchal Lebœuf;* — 4e corps, *général de Ladmirault;* — 6e corps, *maréchal Canrobert;* — garde impériale, *général Bourbaki;* et deux divisions de réserve de cavalerie, sous les ordres des généraux du *Barail* et *Forton.*

Après diverses hésitations sur le parti qu'elle aurait à prendre, il fut décidé que cette armée abandonnerait la rive droite de la Moselle et se retirerait sur Verdun.

Pendant l'exécution de ce mouvement rétrograde, le 14 août au matin, la 1re armée allemande attaqua le 3e corps (*Lebœuf*) chargé de couvrir la retraite, et engagea avec une portion des forces françaises le combat de Borny (rive droite de la Moselle).

Du 7 au 14 août, l'armée allemande avait, en effet, exécuté sur son aile droite un vaste changement de front vers l'ouest; de telle sorte que le matin du 14, le pivot (1re armée, *Steinmetz*) abordait les environs de Metz à Colombey et Borny, le centre (2e armée, *Frédéric-Charles*) atteignait la Moselle vers Pont-à-Mousson, tandis que l'aile marchante (3e armée, *prince Royal*) s'acheminait sur Nancy.

Mouvements des armées dans la journée du 15 août. — Telle était la situation quand fut livré le combat de Borny. Les Français, interrompant momentanément leur marche rétrograde, firent face à l'ennemi et continrent l'attaque de la 1re armée allemande.

Pendant la journée du 15 août, l'armée française reprit et s'efforça d'achever son passage sur la rive gauche de la Moselle, pour marcher ensuite sur Verdun par les routes de Doncourt et de Mars-la-Tour. En même temps, les Allemands continuèrent l'exécution de leur mouvement tournant autour de Metz et l'accentuèrent, désireux de couper les communications entre Metz et le camp de Châlons, où se reformait l'armée commandée désormais par le maréchal de Mac-Mahon. Les cavaliers allemands poussèrent même des reconnaissances dans la direction de Mars-la-Tour, et, plus à l'ouest, sur Harville, tandis que deux corps d'armée, après avoir franchi la Moselle en amont de Metz, faisaient déjà face vers le nord et le nord-ouest, menaçant les lignes de retraite de l'armée française.

BATAILLE DE REZONVILLE
(16 aout 1870)

Le lendemain, 16 août, certaines lenteurs du côté des Français, et la précipitation d'un corps d'armée allemand (3e, *général Alvensleben*) mirent les adversaires en contact.

Description sommaire du champ de bataille. — Le terrain sur lequel allait se dérouler ce sanglant épisode militaire est limité : au nord par la ligne Bruville, Saint-Marcel et la ferme de la Malmaison; à l'ouest, par le ravin de Jarny à Mars-la-Tour; à l'est, par le ravin d'Ars-sur-Moselle, où coule la Mance; enfin au sud, par les bois de Vionville, Saint-Arnoud et des Ognons. — Ce quadrilatère irrégulier forme une sorte de plateau que traverse de l'est à l'ouest la route sud de Metz à Verdun par Gravelotte, Rezonville, Vionville et Mars-la-Tour. Au nord, et parallèlement à cette route, court la voie romaine qui passe au sud des bois de Villers et laisse au contraire les bois de Tronville entre elle et la grande route.

En allant de Gravelotte à Mars-la-Tour, la route principale coupe à Rezonville le ravin de Gorze, qui prend naissance près de la voie romaine pour déboucher à Novéant, dans la vallée de la Moselle.

Les flancs de ce ravin sont garnis de bois. A l'est, se trouvent ceux des Ognons et des Chevaux; à l'ouest, ceux de Saint-Arnould et des Prêtres.

PANORAMA NATIONAL

5, rue de Berri (Avenue des Champs-Élysées)

BATAILLE

DE

REZONVILLE

(GRAVELOTTE)

16 AOUT 1870. — CAMPAGNE DE METZ

PAR MM.

Édouard DETAILLE et Alph. DE NEUVILLE

RÉCIT DE LA BATAILLE. — EXPLICATION DU PANORAMA
REPRODUCTION TOTALE DU PANORAMA DÉVELOPPÉ

PORTRAITS DE MM. DETAILLE ET DE NEUVILLE

Prix : **50** centimes

SE TROUVE AU PANORAMA NATIONAL
5, RUE DE BERRI, 5 (CHAMPS-ÉLYSÉES)
1887

DROITS DE TRADUCTION RÉSERVÉS

Emplacements des troupes qui doivent prendre part à la bataille. — Dans la matinée du 16, le 2ᵉ corps (*Frossard*) se déploie sur la crête au sud-ouest de Rezonville ; il a ses postes avancés à Vionville et à Flavigny ; — au nord de la route, se tient le 6ᵉ corps (*Canrobert*) ; — le 3ᵉ corps (*Lebœuf*) est entre Saint-Marcel et Verneville ; — le 4ᵉ corps (*de Ladmirault*) se met en marche de Voippy sur Doncourt ; — la garde impériale (*Bourbaki*) est à Gravelotte. — Enfin les divisions de cavalerie de Forton et du Barail, ont pour mission de couvrir le front vers l'ouest, le long du ravin de Mars-la-Tour.

L'armée allemande occupe Thiaucourt avec les têtes de colonne du 10ᵉ corps d'armée qui, la veille, a franchi la Moselle à Pont-à-Mousson. Ce corps d'armée est éclairé par la 5ᵉ division de cavalerie indépendante (*général Rheinbaben*) dans la direction de Chambley et de Mars-la-Tour. — Le 3ᵉ corps allemand est à Novéant, précédé, du côté de Gorze. par la 6ᵉ division de cavalerie indépendante (*Guillaume de Mecklembourg*).

L'attaque est engagée par la cavalerie allemande. — Dès le matin, en accentuant son mouvement vers le nord, la 5ᵉ division de cavalerie allemande acquiert la certitude que les forces françaises n'ont point dépassé Mars-la-Tour. S'étant approchée alors de Vionville. subitement, vers 9 heures, elle débouche au nord de ce village, et couvre d'obus la division de Forton qui se replie en arrière du 2ᵉ corps.

Dispositions défensives des Français. — A cette alerte, les 2ᵉ et 6ᵉ corps français prennent rapidement leurs dispositions. Au 2ᵉ corps, la brigade Lapasset garnit les bois de Saint-Arnould ; la division Vergé surveille le débouché du ravin de Gorze sur Rezonville ; la division Bataille, occupe et met en état de défense Vionville et Flavigny : le maréchal Canrobert (6ᵉ corps) laisse la division Tixier à Saint-Marcel, dirige la division Lafont de Villiers sur Vionville et constitue près de Rezonville une réserve avec la division Levassor-Sorval.

Pendant le déploiement de ces troupes, la division de cavalerie de Mecklembourg débouchait du ravin de Gorze et venait donner la main à la division de cavalerie de Rheinbaben. Mais, au bout de peu d'instants. les cavaliers allemands se mettent hors de portée de l'infanterie française, et se placent, la 5ᵉ division derrière le bois de Tronville, la 6ᵉ à l'entrée du ravin de Gorze, vers la ferme d'Anconville.

Entrée en ligne de l'infanterie allemande. — La 5ᵉ division d'infanterie du 3ᵉ corps allemand qui monte l'étroit ravin de Gorze. et veut à tout prix prendre pied sur le plateau, engage alors une lutte des plus énergiques dans les bois de Vionville et de Saint-Arnould contre les brigades Jollivet et Lapasset. Les Français sont rejetés sur Flavigny.

La 6e division d'infanterie du même corps allemand, en marche de Buxières sur Mars-la-Tour, précipite son mouvement, atteint également le plateau et converse à droite pour se rapprocher de la 5e division.— Son artillerie, renforcée par les batteries de corps d'armée et de la cavalerie, fait face à Vionville et prépare l'attaque de ce village. Après un feu violent, Vionville, abordé de trois côtés à la fois, est enlevé et les Allemands se dirigent bientôt sur Flavigny. Malgré les pertes que leur infligent les batteries françaises de Rezonville ils finissent par s'en rendre maîtres

Dispositions du commandant en chef de l'armée française. — Toutefois la brusquerie de ces attaques avait occasionné un notable désordre dans le 3e corps allemand, lequel suspend momentanément tout nouveau mouvement offensif. Ce temps d'arrêt permet au maréchal Bazaine de faire soutenir le corps d'armée du général Frossard par la réserve d'artillerie, d'amener les zouaves de la garde et la brigade de cavalerie du Preuil aux côtés de la division Levassor-Sorval, de former une deuxième ligne avec la division Picard, des grenadiers de la garde, et d'établir la division Deligny, des voltigeurs de la garde, en réserve à la Malmaison.

En même temps la brigade Fauvart-Bastoul, recevait l'ordre de relever la brigade Valazé qui a cruellement souffert au débouché du ravin de Gorze. Mais les Allemands surprennent ce mouvement, accablent les deux brigades de projectiles, et mettent hors de combat les généraux Bataille et Valazé. Les régiments français paraissant fléchir sous un feu aussi meurtrier: le maréchal Bazaine opère une diversion avec la cavalerie qu'il a sous la main. Le 3e lanciers d'abord, les cuirassiers de la garde, ensuite, entraînés brillamment par le général du Preuil, s'élancent sous une grêle de balles et traversent en la sabrant la 10e brigade d'infanterie allemande. Mais, pris à revers, ces régiments sont décimés à leur tour. A eux seuls, les cuirassiers laissent 22 officiers, 208 hommes et 243 chevaux sur le terrain. Ces troupes, poursuivies par les hussards de Brunswick et le 2e hussards prussien, sont rejetées sur les lignes françaises. — C'est dans cette poursuite que le maréchal Bazaine, au moment où il indiquait un emplacement à une batterie de la garde impériale, se trouva entouré, avec son état-major, par un escadron du 2e hussards. Le maréchal et ses officiers mirent l'épée à la main et n'échappèrent aux cavaliers allemands qu'en se repliant sur le 3e bataillon de chasseurs à pied et sur les escadrons d'escorte.

Mouvement de conversion de l'aile droite française. — A midi, de part et d'autre l'action semble se ralentir. Les adversaires, surtout les Allemands, attendent leurs renforts avec une impatiente anxiété.

Le maréchal Bazaine, pendant ce court répit, fait relever tout le 2ᵉ corps depuis le matin aux prises avec les troupes du général Alvensleben. Les grenadiers de la garde viennent alors remplacer les troupes du général Frossard. La 6ᵉ division de cavalerie (*Mecklembourg*) essaie bien d'empêcher ce mouvement; mais elle débouche sur un terrain trop étroit, ne peut se déployer, et, finalement, renonce à son projet.

Au nord de la route de Mars-la-Tour, le maréchal Canrobert, et, à sa droite, le maréchal Lebœuf, entament une conversion qui doit les amener sur le flanc de la 6ᵉ division allemande, parallèlement à la route de Mars-la-Tour.

La gauche allemande reçoit ses premiers renforts. — Charge de la brigade de cavalerie de Bredow. — Une brigade du 10ᵉ corps allemand, qui, d'Harville, s'est portée au bruit du canon, apparaît en ce moment à l'est de Mars-la-Tour, dans les bois de Tronville. Le feu bien ajusté des fusils chassepots l'empêche d'en franchir la lisière. C'est le signal d'un nouvel engagement de cavalerie. Le 7ᵉ cuirassiers et le 16ᵉ uhlans de la brigade de Bredow, enlevés par leur chef, tournent le village de Vionville par le nord, chargent à fond pendant plus de 2,000 mètres entre la route et la voie romaine et traversent les lignes françaises du 6ᵉ corps *Canrobert*. Alors la division de cavalerie du général de Forton, massée au coin est du bois de Villiers, saisit l'instant propice pour charger et poursuivre ces deux régiments, et ceux-ci perdent plus des deux tiers de leur effectif. — Cette charge célèbre est connue en Prusse sous le nom de « Chevauchée de la mort ».

L'aile droite française se rabat sur la route de Mars-la-Tour. — Cependant, malgré ses attaques, l'armée allemande, depuis près de deux heures, n'a pas gagné de terrain. — Chez les Français, au contraire, les têtes de colonne du 3ᵉ corps (*Lebœuf*) sont en vue du champ de bataille, et l'on annonce celles du 4ᵉ corps (*de Ladmirault*). L'aile droite de l'armée française va donc pouvoir prendre l'offensive. De son côté, l'aile gauche est en mesure de faire face à toute éventualité : la division de grenadiers en première ligne, protégée à l'extrême gauche par le bataillon de chasseurs à pied de la garde occupant le bois des Ognons; — les voltigeurs de la garde en deuxième ligne. —

La division Montaudon, venue du 3e corps, constitue une troisième ligne à la Malmaison, et précède le 2e corps (*Frossard*), placé en réserve à l'est du ravin de la Mance.

Aussi, vers 3 heures, les divisions Aymard et Grenier s'engagent à la droite française, pendant que la division de Cissey redouble de vitesse pour former l'extrême droite sous la protection de la division de cavalerie Legrand. à laquelle s'adjoignent la brigade de France, de la cavalerie de la garde, et le 2e chasseurs d'Afrique, qui, dans la matinée, ont escorté l'empereur Napoléon sur la route de Verdun, par Étain, jusqu'à Conflans.

Le combat reprend de ce côté avec une nouvelle intensité. Au bou de trois quarts d'heure l'armée française a reconquis les bois de Tronville et même atteint la grande route.

Arrivée du 10e corps allemand. — A ce moment se montrent les troupes du 10e corps (*de Voigts-Rhetz*); elles viennent renforcer la gauche de la ligne allemande. Une batterie d'environ cent bouches à feu est installée entre Vionville et le bois, au nord de la route; la 38e brigade d'infanterie se déploie en avant de Mars-la-Tour pour attaquer la droite française, et le prince Frédéric-Charles, sur le terrain depuis 4 heures du soir, suivi de près par les troupes du 8e corps dont les têtes de colonne sont à Gorze, donne l'ordre de redoubler le feu de l'artillerie pour préparer une attaque générale.

Attaque générale. — La 38e brigade du 10e corps échoue dans ses tentatives, à l'extrême gauche allemande, sur les divisions Grenier et de Cissey. Non seulement elle ne réussit pas à franchir les pentes du ravin au nord de Mars-la-Tour, qui couvre la position française. mais elle est repoussée en désordre dans la direction de Tronville. — Entrée en ligne avec 95 officiers et 4,540 hommes, cette brigade perdit 72 officiers et 2,542 hommes.

Le retour offensif exécuté sur le centre et la gauche de l'armée française par les Allemands ne donne pas de résultats plus heureux. Aussi fait-on un nouvel appel à la cavalerie pour relever le moral de l'infanterie épuisée : les généraux Brandebourg et Rheinbaben chargent à outrance.

Charge de la cavalerie allemande. — D'abord les dragons de la garde fondent sur le 13e de ligne français et le rejettent dans le ravin au nord de Mars-la-Tour, où ils s'arrêtent très éprouvés eux-mêmes par les feux de mousqueterie. Après eux, et plus à l'ouest, cinq régiments de cavalerie chargent sur deux lignes dans la direction de Ville-sur-Yron. En ce point le général de Ladmirault avait amené la division de cavalerie Legrand, la brigade de France, de la garde, et le 2ᵉ chasseurs d'Afrique. Les deux cavaleries s'ébranlent à la fois et s'abordent résolument; des nuages épais de poussière les enveloppent,; mais bientôt, au bout de quelques minutes, elles se mettent en retraite, les Français sur Bruville, les Allemands sur Mars-la-Tour. Cinq mille combattants avaient pris part à cette gigantesque mêlée.

Fin de la bataille. — Il est sept heures du soir; le feu de la mousqueterie s'éteint lentement de part et d'autre; l'action paraît terminée, bien que la droite prussienne vienne de recevoir un nouveau renfort par l'arrivée de la 25ᵉ division hessoise du 19ᵉ corps (*Maustein*). L'artillerie de la garde et les batteries du 6ᵉ corps français continuent néanmoins à canonner les positions allemandes et à inquiéter les ralliements de leurs troupes de première ligne.

(C'est le moment choisi par MM. DETAILLE et DE NEUVILLE pour représenter l'aspect du champ de bataille aux regards d'un spectateur placé au nord de Rezonville.)

Dernier retour offensif. — Avant de terminer, il faut noter encore le retour offensif essayé vers 8 heures du soir par les Allemands du côté de Rezonville. La garde impériale repoussa sans peine cette nouvelle tentative, la dernière de l'une des batailles les plus meurtrières du siècle, et vers 10 heures du soir le silence se faisait enfin sur ce terrain si opiniâtrement, si vaillamment disputé.

En tués, blessés ou disparus, les Français avaient perdu **16,960** hommes, dont **840** officiers; — les Allemands **15,800** hommes environ.

EXPLICATION DU PANORAMA

Le spectateur placé au nord de Rezonville, sur le chemin de Villers-au-Bois, est au point de jonction de la garde impériale (*général Bourbaki*) et du 6e corps (*maréchal Canrobert*).

PARTIE EXÉCUTÉE PAR M. ED. DETAILLE

Si l'on fait face au village, on a devant soi la portion du panorama peinte par **M. E. Detaille**. La grande route bordée d'arbres est la route de Verdun. Partant de Metz (à gauche du spectateur), elle traverse Gravelotte, Rezonville, Vionville et Mars-la-Tour. Ces deux derniers villages, qu'on ne peut distinguer, sont dans la direction à droite du spectateur. A gauche de cette route, et masqué par la fumée, se trouve Flavigny, où les cuirassiers de la garde impériale française ont fourni une charge héroïque, vers onze heures du matin. C'est également dans cette direction que les Allemands établirent une batterie formidable, battant Rezonville et couvrant de projectiles toute la gauche française.

Les pièces qui tirent encore, installées à cheval sur la grande route, appartiennent aux batteries de la garde impériale reliées, sur

EDOUARD DETAILLE

leur droite, aux batteries du 6 corps (*Canrobert*). Il est sept heures et demie du soir. Après une lutte acharnée. l'armée française conserve les positions où elle a combattu toute la journée.

Le village que l'on voit sur toute sa longueur est Rezonville.

Dans les enclos se trouve une portion du 1ᵉʳ régiment de grenadiers de la garde impériale, appartenant à la brigade Jeanningros, de la division Picard. — On aperçoit les généraux Picard et Jeanningros près des batteries, avec leur état-major. Des guides de la garde les accompagnent.

Au premier plan, l'officier porté sur une civière par des soldats d'infanterie de ligne et des chasseurs à cheval, un médecin militaire près de lui, et suivi d'un hussard qui mène son cheval en main, est le commandant Boussenard, l'un des aides de camp du maréchal Canrobert. Cet officier supérieur a eu un bras emporté; il est dirigé sur l'ambulance de Rezonville en même temps que d'autres groupes de blessés, provenant des batteries de la garde et portés à dos de mulet. — Les gendarmes de la prévôté du 6ᵉ corps surveillent l'évacuation des blessés et indiquent la direction à prendre. — Près d'eux des grenadiers sont occupés à boire à une fontaine ou à remplir les bidons de leurs camarades.

La route débouchant de Rezonville se dirige sur Villers-au-Bois.

Le peloton de chasseurs à cheval de la garde qu'arrête son chef, sert d'escorte au général Bourbaki, commandant en chef la garde impériale. — Le général vient conférer avec le maréchal Canrobert. Il est accompagné de son chef d'état-major (général d'Auvergne), de son aide de camp (commandant Leperche), et des autres officiers de son état-major : les commandants Chennevière et Denègre, les capitaines Guillet et Pagès, (du corps d'état-major), le capitaine de la Calle (de l'artillerie de la garde), le capitaine de Beaumont (des dragons de l'impératrice), le lieutenant de Sancy-Parabère (des lanciers de la garde). — Le fanion est porté par un maréchal des logis des guides.

Le général Bourbaki s'arrête et échange un salut avec le maréchal Canrobert entouré de son état-major : le général Henri, chef d'état-major; le colonel Borson; le commandant Caffarel (du corps d'état-major, — sur un cheval gris); les commandants Roussel et Lonclas ; les capitaines de Randal (de l'artillerie), Aubry, Grosjean du corps d'état-major), et le lieutenant d'infanterie de Reyniès. — Des chasseurs à cheval forment le peloton d'escorte du maréchal et se tiennent en arrière.

Le long des petits murs, les sapeurs du génie pratiquent des brèches pour faciliter le passage à travers les maisons du village.

L'ambulance principale est installée dans la maison surmontée du drapeau de la croix de Genève.

Au premier plan, dans les champs, les cadavres sont ceux d'artilleurs de la garde. — Les batteries de la garde ont franchi ce terrain pour aller se poster sur la grande route. — Autour de l'ambulance, des blessés arrivent de tous les points du champ de bataille. — Les voitures et les cacolets attendent que les premiers pansements soient faits pour évacuer ensuite les blessés en arrière.

La grande route, dans la direction de Metz, est couverte de blessés, de voitures, et d'isolés regagnant les derrières de l'armée où le 2ᵉ corps *général Frossard* a été rallié.

Le village éclairé par les derniers rayons du soleil couchant est Gravelotte. — Le bois qui s'étend à l'horizon, c'est le bois des Ognons, point extrême de la gauche de l'armée française.

Le long de la route, à gauche, dans un bas-fond, se trouve le régiment de cuirassiers de la garde qui a chargé vers Flavigny. — En arrière, on aperçoit le régiment de carabiniers de la garde.

Ici se termine la portion du panorama peinte par M. DE-TAILLE, et commence celle exécutée par M. DE NEUVILLE.

ALPHONSE DE NEUVILLE

PARTIE EXÉCUTÉE PAR M. ALPH. DE NEUVILLE

A l'horizon, la route bordée de peupliers qui part de Gravelotte est celle de Conflans. Par cette route l'empereur Napoléon s'est éloigné le matin se dirigeant sur Verdun afin de rejoindre l'armée commandée par le maréchal de Mac-Mahon.

A la gauche des cuirassiers de la garde, et près du spectateur, des dragons, le fusil sur la cuisse, gardent un groupe de prisonniers allemands. Dans ce groupe on distingue des cuirassiers du régiment n° 7 (*cuirassiers de Magdebourg*), des uhlans du régiment n° 16 (*uhlans de l'Atmark*), des hussards rouges (*hussards de Brandebourg, régiment n° 3*), et des fantassins. — D'autres dragons gardent des chevaux allemands, près d'un lavoir où l'on a établi une ambulance.

Au-dessus du lavoir, sur une croupe arrondie, sont les lignes de la cavalerie française, division de Forton; (*brigade Murat, 1er et 9e dragons; brigade de Grammont, 7e et 10e cuirassiers*). — Des dragons de cette division ont ramassé les lances des uhlans dispersés et l'on aperçoit à l'horizon flotter les banderolles noires et blanches de ces trophées.

La route qui conduit à Villers-au-Bois est jonchée de cadavres de cavaliers allemands. Sur ce chemin, en effet, est venue se terminer la charge célèbre du 7e cuirassiers allemands et du 16e uhlans. Des quatre escadrons de ces régiments on ne put en reformer qu'un seul. Les cuirassiers avaient perdu 7 officiers, 189 hommes et 209 chevaux; les uhlans, 9 officiers, 174 hommes et 200 chevaux. — Cette charge, dirigée par le général de Bredow, est célèbre en Allemagne sous le nom de « Chevauchée de la mort ».

En avant de sa brigade se trouve le général prince Joachim Murat. Plus loin dans le plaine, le général de Forton, le colonel Durand de Villers et les pelotons d'escorte.

Le régiment des zouaves de la garde, de la brigade Jeanningros (*division Picard*), a été placé par le général Bourbaki en soutien des batteries d'artillerie de la garde.

Des zouaves, des artilleurs blessés se dirigent vers les ambulances.

Au premier plan, un officier de chasseurs à pied, blessé à la tête, appuyé sur son ordonnance, serre la main à un officier de dragons et à un officier d'état-major.

On aperçoit à l'horizon les fumées de la bataille qui s'étend en diagonale sur Mars-la-Tour et la ferme de Greyère, point extrême de la droite de l'armée française.

Il convient de le rappeler, le soir, vers 8 heures, les Allemands essayèrent une nouvelle attaque sur Rezonville. La garde impériale les repoussa aisément cette fois et bientôt tout se taisait sur ce vaste champ de bataille.

La perte des Français en tués, blessés ou disparus s'élevait à *seize mille neuf cent soixante hommes;* celle de l'armée allemande à près de *quinze mille huit cents.*

Le DIORAMA représente l'intérieur d'une maison de Champigny, sur la place de la Pompe, pendant la nuit, entre les deux journées de cette autre grande bataille qui se livra aux portes de Paris, les 30 novembre et 2 décembre 1870. — Les figures sont de M. Ringel, d'après un dessin de M. de Neuville, extrait du livre: *A coups de fusil,* de M. de Quatrelles.

Paris.   Imp. de la Sⁱᵉ anon. de Publ. périod. — P. Mouillot. — 74746 (I).

DÉVELOPPEMENT TOTAL DU PANORAMA DE REZONVILLE

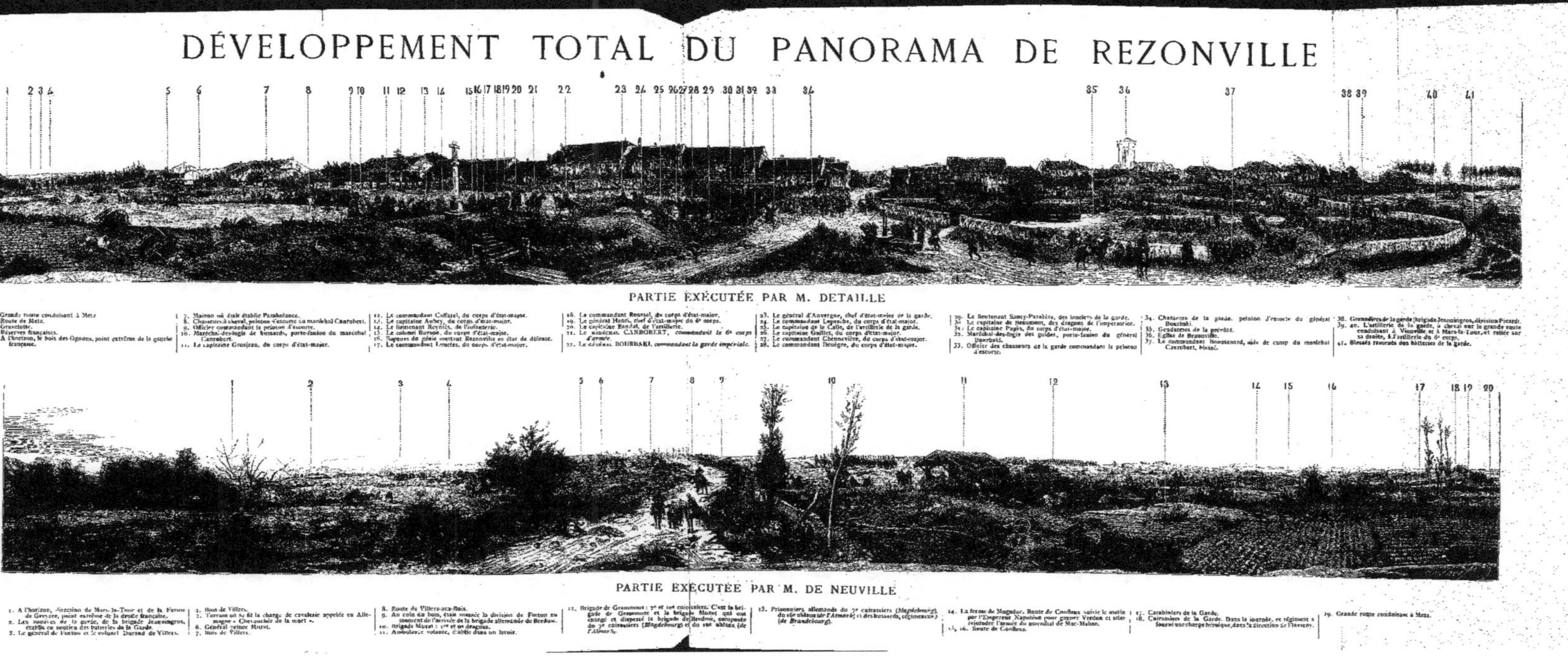

PARTIE EXÉCUTÉE PAR M. DETAILLE

1. Grande route conduisant à Metz.
2. Route de Metz.
3. Gravelotte.
4. Réserves françaises.
5. À l'horizon, le bois des Ognons, point extrême de la gauche française.
6. [illegible]
7. Maison où était établie l'ambulance.
8. Chasseurs à cheval, peloton d'escorte du maréchal Canrobert.
9. Officier commandant le peloton d'escorte.
10. Maréchal-des-logis de hussards, porte-fanion du maréchal Canrobert.
11. Le capitaine Grosjean, du corps d'état-major.
12. Le commandant Caffarel, du corps d'état-major.
13. Le capitaine Aubry, du corps d'état-major.
14. Le lieutenant Reyniès, de l'infanterie.
15. Le colonel Borson, du corps d'état-major.
16. Sapeurs du génie mettant Rezonville en état de défense.
17. Le commandant Lenclos, du corps d'état-major.
18. Le commandant Roussel, du corps d'état-major.
19. Le général Henri, chef d'état-major du 6e corps.
20. Le capitaine Rendal, de l'artillerie.
21. Le maréchal CANROBERT, commandant le 6e corps d'armée.
22. Le général BOURBAKI, commandant la garde impériale.
23. Le général d'Auvergne, chef d'état-major de la garde.
24. Le commandant Lepesche, du corps d'état-major.
25. Le capitaine de la Calle, de l'artillerie de la garde.
26. Le capitaine Guillet, du corps d'état-major.
27. Le commandant Chennevière, du corps d'état-major.
28. Le commandant Heuègre, du corps d'état-major.
29. Le lieutenant Sancy-Paralère, des lanciers de la garde.
30. Le capitaine de Beaumont, des dragons de l'impératrice.
31. Le capitaine Pagès, du corps d'état-major.
32. Maréchal-des-logis des guides, porte-fanion du général Bourbaki.
33. Officier des chasseurs de la garde commandant le peloton d'escorte.
34. Chasseurs de la garde, peloton d'escorte du général Bourbaki.
35. Gendarmes de la prévôté.
36. Église de Rezonville.
37. Le commandant Boussenard, aide de camp du maréchal Canrobert, blessé.
38. Grenadiers de la garde (brigade Jeanninigros, division Picard).
39. 40. L'artillerie de la garde, à cheval sur la grande route conduisant à Vionville et à Mars-la-Tour, et reliée sur sa droite, à l'artillerie du 6e corps.
41. Blessés ramenés des batteries de la garde.

PARTIE EXÉCUTÉE PAR M. DE NEUVILLE

1. À l'horizon, direction de Mars-la-Tour et de la Ferme de Greyère, point extrême de la droite française.
2. Les succès de la garde, de la brigade Jeanningros, établie en soutien des batteries de la Garde.
3. Le général de Forton et le colonel Durand de Villers.
4. Bois de Villers.
5. Terrain où se fit la charge de cavalerie appelée en Allemagne « Chevauchée de la mort ».
6. Général prince Murat.
7. Bois de Villers.
8. Route de Villers-aux-Bois.
9. Au coin du bois, était massée la division de Forton au moment de l'arrivée de la brigade allemande de Bredow.
10. Brigade Murat : 1er et 9e dragons.
11. Ambulance volante, établie dans un lavoir.
12. Brigade de Grammont, 7e et 10e cuirassiers. C'est la brigade de Grammont et la brigade Murat qui ont chargé et dispersé la brigade de Bredow, composée du 7e cuirassiers (Magdebourg) et du 16e uhlans (de l'Altmark).
13. Prisonniers allemands du 7e cuirassiers (Magdebourg), du 16e uhlans (de l'Altmark), et des hussards, régiments (de Brandebourg).
14. La ferme de Mogador. Route de Conflans suivie le matin par l'Empereur Napoléon pour gagner Verdun et aller rejoindre l'armée du maréchal de Mac-Mahon.
15, 16. Route de Conflans.
17. Carabiniers de la Garde.
18. Cuirassiers de la Garde. Dans la journée, ce régiment a fourni une charge héroïque, dans la direction de Flavigny.
19. Grande route conduisant à Metz.